經典
少年遊

011

蘇軾
曠達的文豪

Su Shih
The Incorrigible Optimist

繪本

故事◎張瑜珊
繪圖◎桑德

嗨！我是蘇軾。別人說我是個詩詞書畫樣樣通的奇才，其實我只是喜歡寫文章、作詩詞、寫書法與畫畫，也喜歡享受美食與生活。什麼？有人抱怨看不到我的正面？

好吧！ 我轉過來就是了。

我是宋朝人， 本來也是很順利地當上官員。 只是， 我連寫首詩都會入獄， 最後還被貶到黃州。

6

雖然工作不順利，但是生活還是得過。

我在黃州時，喜歡和一個叫佛印的和尚喝酒聊天，還發明了「東坡肉」和「東坡魚」請他嘗鮮。有時候我還會偷偷把食物藏起來，但他才不會錯過享用美食的機會呢！

被貶到黃州的時候，我的心情有點低落，寫了不少作品。有一次，我還寫了首詞，想像著從此乘著小船，飄啊飄地，隨著江水離開，這會是多美的事！

後來，我總算是回到朝廷。只是我實在跟當時的同事合不來，乾脆到杭州工作。

西湖真是太美了，我建了一道長堤，在上面散步看日出，成為西湖最美的風景。

只是，沒過多久，我又被貶到惠州與海南島，我的妻子也因病過世。看到亮澄澄的月亮高掛天空，我的身邊卻沒有一同欣賞的親人。唉！我完全沒有賞月的興致。

貶諦看起來真是沒完沒了。

痛苦總會過去，我只要認真享受每一天。我寫了好多惠州景物的詩詞，包括我最愛的荔枝，一天能吃下三百顆。

16

後來，我帶著兒子蘇過，一同來到海南島。我們住在草屋，一起耕種，也一同念書。

18

這個夜晚，看著月亮，我靜靜聽著水聲、蟬鳴，還有晚風溜過樹梢的聲音。我在海南島上，我知道，這裡就是我的家。

21

蘇軾

曠達的文豪

讀本

原著◎蘇軾

原典改寫◎劉思源

才華洋溢的蘇軾，
除了爸爸與弟弟都是知名的作家以外，還有誰影響了他？

蘇軾（1036 ～ 1101 年），字子瞻，號東坡居士，是宋朝的大作家。詩詞文賦都難不倒他，書法繪畫也都非常拿手，更別說他還會做菜，發明了很有名的東坡肉。他非常聰明幽默，曾當過官，也曾被貶官放逐。然而也因為這些經歷，讓他創作了一直流傳到現在的名篇。

蘇軾

相關的人物

蘇洵

蘇轍

王弗

蘇洵是蘇軾的父親。他年輕時並不喜歡讀書，到了結婚後，受到妻子程氏的影響，才下定決心念書。他喜歡寫的文章是關於歷史與政治，尤其是透過曾發生的事，勸戒當時的人，不能再犯同樣的錯誤。

蘇轍，字子由，蘇軾的弟弟。他也是個文學家，與父親、哥哥被合稱為「三蘇」，三人都是「唐宋八大家」。他在十九歲時就與哥哥一同考上進士，讓很多人稱讚不已。他之後也多次遭到處罰貶官，也曾經隱居在許州。

蘇軾的妻子。她總是陪著蘇軾念書，可惜結婚十一年之後便過世了。蘇軾曾為她寫下「十年生死兩茫茫，不思量，自難忘」，表達對她非常深的思念。

蘇遯 蘇軾的兒子。在他出生後，蘇軾寫了一首詩，表達對於孩子的期望。很多人都希望孩子聰明，只有他希望孩子能愚笨一點，才能無災無難當大官。他用開玩笑的方式，表達了對自己工作不順的苦惱。

佛印 佛印是個聰明幽默的和尚，是蘇軾的好朋友。他們會一同出去玩，一起吃美食。佛印不像其他和尚一樣吃素，總是招待蘇軾一起吃魚吃肉。有一次蘇軾煮了魚，佛印正好來拜訪，蘇軾故意把魚藏起來，最後還是被佛印發現，兩人一同開玩笑一同分享。

歐陽修 宋朝文學家，也是唐宋八大家之一。蘇軾考試時，歐陽修是負責改考卷的主考官。他看到蘇軾的考卷，非常驚喜，想給他第一名。但是他以為那份考卷是他的學生曾鞏寫的，怕別人認為不公平，於是評為第二名。

王安石 王安石（右圖）是宋朝政治家、文學家。他曾在宋仁宗時上呈過〈萬言書〉，要求改革。宋神宗即位後，任命他當丞相，進行一系列的改革，稱為「熙寧變法」。蘇軾由於反對這次的變法，因此自請外調到杭州。但是蘇軾並不討厭他，還在後來奉皇帝寫的文章〈王安石贈太傅〉中，讚揚王安石的才能。

TOP PHOTO

25

蘇軾的才氣很高，運氣卻不太好。他的一生到底經歷了什麼，才能讓他寫出、畫出這麼動人的作品？

相關的時間

1036 年
出生於眉州眉山，小時候由媽媽親自教導讀書，日後成為詩詞文賦皆擅長的大文豪。

出生

1039 年
弟弟蘇轍出生，父子三人日後同列「唐宋八大家」。

弟弟出生

翰林學士

1057 年
蘇軾與父親蘇洵、弟弟蘇轍一同進京考試，獲得主考官歐陽修的賞識，皇帝宋仁宗也很喜愛他的才華，成為翰林學士。

烏臺詩案

1069 年
宋神宗時期，為了改善國庫愈來愈貧窮的情況，王安石展開「熙寧變法」，推行許多新措施，但是蘇軾等許多士大夫皆反對。

1079 年
烏臺指的是御史臺，是古代專門糾察官員的單位。蘇軾被御史認為作品有諷刺皇帝的嫌疑，因此遭到逮捕，這件事便稱為「烏臺詩案」。他在獄中因為擔心自己可能被處死，還寫詩與弟弟訣別，非常感人。經過友人救援，他被貶至黃州。他在黃州開墾荒地，取名為「東坡」，自號為「東坡居士」。

1085 年

蘇軾回翰林院圖

宋哲宗即位後，把蘇軾召回朝廷工作。某晚，皇后突然召見蘇軾，還派人送他回去，並且摘了自己座椅下的金蓮燈為蘇軾照明。明代畫家張路想像了這個情景，畫下這張知名的〈蘇軾回翰林院圖〉（上圖）。

1094 年

被貶惠州

被貶到惠州，遊歷了許多惠州的山水，並且結交很多朋友，寫下很多作品，愛妾朝雲葬於此地。

1097 年

被貶儋州

被貶到海南島，這是當時最遠最偏僻的地方。他帶著兒子一同過去，在簡單的房子中一同讀書，學習陶淵明歸園田居的生活。

過世

1101 年

獲得宋徽宗的赦令回到京城，卻在途中過世。

蘇軾既會寫文章畫畫，又會做菜煮茶，
一起看看他如何享受生活？

TOP PHOTO

相關的事物

東坡七集

蘇東坡的作品非常多，詩詞與散文皆有，包括《東坡集》、《東坡樂府》、《東坡後集》等，共有一百多卷。後人將其命名為《東坡七集》。圖為蘇洵、蘇軾和蘇轍的作品，被輯為《三蘇文集》。

豪放派

在蘇軾之前，詞的內容多為戀愛或離愁。而他突破了這個限制，寫出充滿豪氣壯志的作品，和辛棄疾一同被稱為「豪放派」。蘇東坡的題材寬廣，不管是詠嘆歷史，還是抒發心情，都留下千古名篇。

寒食帖

蘇軾的書法寫得很好，〈寒食帖〉就是他被貶到黃州時所寫的作品。蘇軾到黃州的第三年寒食節，想到很多過去的事，又想到自己現在的生活，因此寫下這幅作品。〈寒食帖〉是「蘇書第一」，還有天下第三行書的美譽。

東坡肉

蘇軾曾說過「無肉令人瘦」，可以看出他非常愛吃肉。他到黃州時，發現豬肉非常便宜，有錢人不想吃，窮人不知道怎麼吃。他就發明了慢火燉煮的方式，把豬肉煮得又香又入味，這道菜就成為出名的東坡肉。

荔枝

蘇軾被貶到惠州時，生平第一次吃到荔枝，然後就深深愛上這種熱帶水果了！之後他還不斷在詩作裡提到荔枝的故事，像是期待荔枝快點成熟，或是說每日能吃三百顆，荔枝簡直就是他最愛的水果。

江邊煮茶

蘇軾也喜愛喝茶，不管是茶的歷史，還是煮茶的方式，他都認真研究。他喜歡跟朋友一起煮茶，研究該怎麼煮才香，用什麼泉水煮才能保留茶的味道。他的詩也曾說過夜晚在江邊煮茶的故事，一邊喝茶，一邊聽風聲水聲，真是美好的享受。右圖為宋代藍釉兔毫盞，是用來喝茶的碗，現藏於杭州中國茶葉博物館。

TOP PHOTO

蘇東坡一生被派遣到很多地方做官，也遊玩了很多風景，看看究竟是什麼地方給了他這麼多寫作靈感？

蘇東坡在杭州當官的時候，經歐陽修介紹，認識了住在西湖孤山的僧人惠勤。後來蘇東坡再回到杭州當官時，歐陽修與惠勤都已經過世。而惠勤的弟子在紀念歐陽修與惠勤的講堂下發現了一個新的泉水，蘇東坡就將它命名為六一泉。

六一泉

相關的地方

廬山

蘇軾到廬山旅遊時，看到它在雲霧之中變化多端的模樣，因此寫下了「不識廬山真面目，只緣身在此山中」這樣的詩句，不但描寫風景，還充滿人生哲理。

蘇東坡曾兩次到杭州當官，其中的重要政績包括疏通西湖。他從湖中挖出大量淤泥，並且將這些淤泥堆積修築成一道長堤，讓西湖南北可以直接串連，就是現在有名的蘇堤。蘇堤旁種植了許多花木，春暖花開的時候，在蘇堤上散步感覺非常舒暢！

TOP PHOTO

蘇堤

赤壁

蘇軾被貶到黃州後，與朋友一同遊歷赤壁，感受三國時代的歷史氣息，還寫下非常有名的前後〈赤壁賦〉。

東坡井

蘇軾被貶到廣東惠州，因為地處偏遠，於是便請人鑿了一口井，並且寫詩紀念。

東坡書院

蘇軾被貶到海南島後，常和兒子在載酒堂中一起讀書。到了清代，載酒堂被改成東坡書院，永遠紀念蘇軾。

原典

南ㄋㄢ 歌ㄍㄜ 子ㄗˇ

帶ㄉㄞ 酒ㄐㄧㄡˇ 衝ㄔㄨㄥ 山ㄕㄢ 雨ㄩˇ，

和ㄏㄜˊ 衣ㄧ 睡ㄕㄨㄟˋ 晚ㄨㄢˇ 晴ㄑㄧㄥˊ。

不ㄅㄨˋ 知ㄓ 鐘ㄓㄨㄥ 鼓ㄍㄨˇ 報ㄅㄠˋ 天ㄊㄧㄢ 明ㄇㄧㄥˊ。

夢ㄇㄥˋ 裡ㄌㄧˇ 栩ㄒㄩˇ 然ㄖㄢˊ¹ 蝴ㄏㄨˊ 蝶ㄉㄧㄝˊ 一ㄧ 身ㄕㄣ 輕ㄑㄧㄥ。

1. 栩然：活潑歡暢

老去才都盡，

歸來計未成。

求田問舍[2]笑豪英[3]，

自愛湖邊沙路免泥行。

2. 求田問舍：比喻只知道購買田產，沒有遠大志向
3. 豪英：傑出的人物

換個方式讀讀看

　　這一晚和朋友暢飲了許多好酒，正想要回家時下起雨來。我看著細雨落在屋頂，往下滑到屋簷，再落入黃土，沒一會就成了黃泥，心底突然升起一個想法，趁著尚未退去的酒興，在雨中趕路應該也算一件瀟灑的事吧。

　　我朝主人揮揮手，轉身就衝入了朦朧的雨中。我不在意身上的衣服被雨水淋溼，只想好好體會在山雨中行走的感覺。

　　回到家中，推門進入房間，溼衣服還沒來得及換掉，只覺得眼皮變得沉重，下一秒就進入了夢鄉。對這一晚最後的印象，是連綿的雨珠打在院子裡樹葉上的聲音。

　　我就這麼躺在床邊上，在夢境流連，彷彿要睡到時間的盡頭一樣。沒聽見寺廟傳來的鐘聲，也沒聽見更夫清晨敲鼓的聲音，等到太陽高掛在藍天，才從夢裡醒來。

我清楚記得夢裡發生的一切。夢中，我變成莊周的蝴蝶，寬大的長袍變成了色彩鮮豔的翅膀。哇，我拍拍翅膀，輕輕地順著風飛起來。我輕盈地飛過花叢、繞過樹林，還在水塘停了一會。沒有多餘的思想、負擔和煩惱。

　　做人到底哪一點比做蝴蝶來得輕鬆呢？這世上大多數的人整天忙碌，想盡辦法找機會，求功名，賺大錢，一直要等到頭髮花白了，做不動了，才發現一事無成。

　　我覺得胸懷大志的真英雄、真豪傑，看到那些一生只記掛著買了幾間房子、買了幾畝田的人，一定會覺得可笑極了。我倒寧願避開渾濁的泥濘之地，一個人腳踩細水漫過的舒爽沙地，走在清風吹來的湖邊，和來往行人打聲招呼，享受雨後的盈盈風景。是誰說閒適人生無聊？我可是細心品嘗這自在的快活滋味，每一分鐘都樂在其中！

原典

江城子（乙卯正月二十日夜記夢）

十年生死兩茫茫[1]。

不思量[2]。自難忘。

千里孤墳，無處話淒涼[3]。

縱使相逢應不識[4]，

塵滿面，鬢[5]如霜。

1. 茫茫：不明的樣子
2. 思量：仔細思考
3. 淒涼：悲苦
4. 識：認識
5. 鬢：耳旁兩頰的頭髮

夜來幽夢忽還鄉[6]。

小軒窗[7]。正梳妝。

相顧[8]無言，惟有淚千行。

料得年年腸斷[9]處，

明月夜，短松岡[10]。

6. 還鄉：回到故鄉
7. 軒窗：門窗
8. 相顧：互看
9. 腸斷：非常悲傷
10. 短松岡：指墓地

換個方式讀讀看

　　親愛的，自從你離開人世已經十年了。無論我如何日夜不停地思念，也無法換得見你一面，想必你在另一端也因為看不見我而暗自哭泣，感到絕望。這十年的時間，我不需要提醒自己過去的點點滴滴，因為思念根本不曾走遠；跟你一起度過的年月是多麼甜蜜，讓我嘗盡了幸福的滋味，不想忘也不能忘。

　　現在我人在密州，距離你的墓地眉州何止千里？今天晚上，藏在心中的悲傷彷彿要漫出了胸口，誰能告訴我，這時候要到哪訴說我的孤單？親愛的，這些年來我四處漂泊，走過人世的現實、受到敵人的打擊，如今我的頭髮平添了滄桑的斑白，臉上布滿了勞苦的皺紋，就算你現在真的見到我，怕也認不出眼前的人，就是你朝思暮想、放不下、捨不開的

我吧？

　親愛的，我在恍惚之中做了一個夢，夢見自己回到了故鄉，回到我們居住的小軒裡。你在房間裡，身上穿著美麗的長裙，對著鏡子整理頭髮、再畫上淡淡的彩妝。你轉過頭來望著我，我們互相看著對方，奇怪的是，你不再微笑，只是看著我不說話；我像是突然明白了什麼，也不敢開口。慢慢地，哀傷湧出了你的雙眼，落成串串的淚珠。

　親愛的，我心裡明白你已經遠去，往後陪伴我的只剩下剪不斷的思念和嚥不下的淒涼。想起你孤零零地躺在千里外的山丘之下，蒼白的月光灑落上頭，四周只有一些新長出來的小松樹，我有說不盡的難過。

西江月（中秋寄子由）

世事[1]一場大夢，

人生幾度新涼[2]？

夜來風葉已鳴廊[3]，

看取眉頭鬢[4]上。

1. 世事：世間一切的事情
2. 新涼：新秋涼爽的天氣
3. 廊：走廊
4. 鬢：耳旁兩頰的頭髮

酒賤5常愁6客少，

月明多被雲妨。

中秋誰與共孤光7，

把盞8淒然9北望。

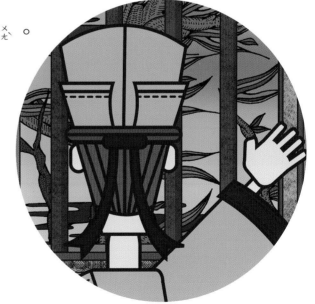

5. 賤：價格低廉
6. 愁：擔心
7. 孤光：指月光
8. 把盞：手握酒杯
9. 淒然：孤獨悲傷

換個方式讀讀看

　　世界上的一切事情，似乎都只是一場夢。命運真會捉弄人啊！我活到這個年紀，原來不過是做了一場夢。想想，人一輩子能有幾回迎接這涼意微微的秋天呢？

　　夜晚的秋風吹進院子裡，吹得樹葉左右搖動，發出了窸窣的響聲，傳到空蕩蕩的走廊上引發呼呼的回響。此刻的溫度比白天更涼了一些。我取出鏡子，想再看看鏡子裡那個笑聲爽朗的人，但是我看到的卻是一個眉毛斑白、臉頰兩旁都出現白髮的中年人。唉呀，這些白髮該不會是這幾年生活上的紛紛擾擾所造成的吧？那個豪氣飛揚的年輕人去哪了呢？

　　黃州這裡不缺好酒，價錢也相當便宜，任誰都喝得起。偏偏這地方的位置偏僻，距離熱鬧的大城市也遙遠，來往經過這裡的遊人旅客不多。

我想，小店裡的老闆怕也跟我一樣愁眉苦臉，煩惱著沒生意可做吧。

房裡更冷了，院子裡的風聲又更狂了一些。

我看著手中的酒，此時身邊沒有你和我一起品嘗，一起說笑，這酒的滋味喝起來充滿苦澀和悲涼。我抬起頭想看看窗外的月亮，沒想到黃澄澄的月亮卻被不知從哪裡來的烏雲遮住了，一時之間，竟感覺到連空氣都飄散著寂寞淒涼的味道。

中秋佳節是團圓的日子，可是此刻的我卻是一個人舉著酒杯，心頭湧上無盡的孤單和思念。我想念你，想念我們從前一起讀書論詩、聊心事、互相鼓勵打氣的日子。我舉高酒杯，望向北方，想祝福遠在他鄉的你，卻又說不出任何話；唯一落進酒杯的，怕只是一滴滴無奈的淚珠。

原典

定風波

莫聽穿林打葉聲，

何妨¹吟嘯²且徐行³。

竹杖芒鞋⁴輕勝馬，誰怕？

一蓑⁵煙雨⁶任平生。

1. 何妨：有什麼妨礙，意指何不
2. 吟嘯：吟詩呼嘯
3. 徐行：緩緩而行
4. 芒鞋：草鞋
5. 蓑：用草或棕櫚葉做成的雨具
6. 煙雨：像煙霧般的細雨

料峭[7]春風吹酒醒，

微冷，山頭斜照[8]卻相迎。

回首[9]向來蕭瑟[10]處，

歸去，也無風雨也無晴。

7. 料峭：風冷
8. 斜照：傍晚西斜的陽光
9. 回首：回頭
10. 蕭瑟：冷清

換個方式讀讀看

哎呀，我說好友啊！

你們怎麼看到大雨劈啪劈啪地穿越樹林，就嚇得停下腳步呢？聽到豆大的雨水打在葉子上乒乓作響的聲音，就忙著找地方躲雨呢？

你們狼狽躲雨的樣子，我看了都想笑出來呢！何不學我放寬心，乾脆放開喉嚨在雨中吟詩，輕輕鬆鬆地繼續走。別擔心，衣服溼了又如何？看看我們腳上穿的草鞋，有什麼比它更適合走在這溼漉漉的小徑？何況，我們手裡還有竹竿可以穩住腳步，這世界哪有地方是我們去不得的呢！要我說啊，這樣悠閒地在雨中走著，比騎馬急奔來得瀟灑許多！其實我們還可以更瀟灑一點，單披一件蓑衣就能在如煙如霧的細雨中奔跑，就像人生一樣，儘管風風雨雨，只要邁開步伐，有什麼能阻礙得了我們呢？

呼呼呼——

一陣涼涼的春風吹過臉龐，吹過溼透的衣服，身體明顯感覺到有點冷，這下子反倒吹走了一半的酒意。我抬起頭，往遠處看去，哈哈，夕陽已斜斜地掛在前方的山頂上，好像要等著我們走近跟它道聲晚安，才肯下山吧。我轉過身回頭看剛才走過的路，先前的寒風冷雨居然神奇地消失了，山野顯得好寂寞、好冷清。

我繼續踏上歸途，這時候，風雨都停了，陽光也不見了。

看著這一切，我心裡突然變得一片寧靜。

人生也是這樣一會兒晴、一會兒雨，變化無常，但是總有一天會過去的，又何必一直掛在心上呢？

原典

飲湖上初晴後雨

水光瀲灩[1]晴方好，
山色空濛[2]雨亦奇[3]。

1. 瀲灩：水面波光閃耀
2. 空濛：迷茫
3. 奇：美好

欲把西湖比西子[4]，

淡妝[5]濃抹[6]總相宜[7]。

4. 西子：西施
5. 淡妝：顏色素淨
6. 濃抹：色彩豔麗
7. 相宜：適合

換個方式讀讀看

　　我和幾個朋友來到西湖，登上布置典雅的遊船，想要好好欣賞西湖的美景。

　　藍天在白雲的襯托下顯得更藍更乾淨，金燦燦的陽光灑在湖面上，使得湖水閃爍著晶亮的光芒。從船上望過去，整座湖圍繞在青山綠樹之間，簡直就像是一顆散發璀璨光芒的綠寶石，迷惑著我的眼。

　　遊船悠悠地劃過湖水，湖心中有個小亭，亭中傳來陣陣曼妙的歌聲和琴聲，透過水波傳送過來更加清亮。小船劃過平靜的湖面繼續慢慢前進，這會兒，太陽被突然出現的烏雲遮住消失了，天空也暗了下來。沒多久，雨絲開始落下，湖面上也開始飄起了水霧。隨著霧氣的飄動，周遭的樹木忽隱忽現，像是隔了一層薄紗一般。小小的遊船好像闖進了另一幅畫，一幅迷迷濛濛的山水畫。大大小小的雨滴落到湖面上，形成一

圈圈的圓，向外擴散出去，好像在水面上跳著迴旋舞。

　　真沒想到，西湖在雨中顯得特別朦朧、優雅，淅瀝瀝的雨聲也彷彿在彈奏一首好聽的旋律。水氣與霧氣籠罩在湖面上，反而呈現出一種空靈涼爽的氣氛。

　　我在短短的時間內欣賞到西湖兩種截然不同的風景，讚嘆之餘，也忍不住想著，如果把西湖比喻成一位美女，應該會是誰呢？

　　我不需要苦苦思索，一個美女的倩影在我腦海裡漸漸成形，越國的美女西施出現在我眼前。不管她臉上只是畫上淡淡的彩妝，穿一襲素衣；或是抹上濃濃的彩粉和鮮豔的胭脂，穿金戴銀地精心裝扮，都展現著美女最動人、最美麗的種種風情。

　　想到這裡，我再次望向西湖水，感覺那湖光山色更加嬌媚多情了呢！

原典

臨ㄌㄧㄣ江ㄐㄧㄤ仙ㄒㄧㄢ

夜ㄧㄝ飲ㄧㄣ東ㄉㄨㄥ坡ㄆㄛ¹醒ㄒㄧㄥ復ㄈㄨˋ醉ㄗㄨㄟˋ，

歸ㄍㄨㄟ來ㄌㄞˊ髣ㄈㄤ髴ㄈㄨˊ²三ㄙㄢ更ㄍㄥ³。

家ㄐㄧㄚ童ㄊㄨㄥˊ⁴鼻ㄅㄧˊ息ㄒㄧˊ⁵已ㄧˇ雷ㄌㄟˊ鳴ㄇㄧㄥˊ⁶，

敲ㄑㄧㄠ門ㄇㄣˊ都ㄉㄡ不ㄅㄨˋ應ㄧㄥˋ⁷，

倚ㄧˇ⁸杖ㄓㄤˋ聽ㄊㄧㄥ江ㄐㄧㄤ聲ㄕㄥ。

1. 東坡：黃岡縣的東面，
   蘇軾在黃州時曾築室於此
2. 髣髴：彷彿，好像
3. 三更：半夜
4. 家童：家中童僕

5. 鼻息：呼吸的氣息
6. 雷鳴：熟睡時的打鼾聲，
   如雷聲一樣大
7. 應：回應
8. 倚：靠

長恨此身非我有，

何時忘卻營營[9]。

夜闌[10]風靜縠紋[11]平，

小舟從此逝[12]，

江海寄[13]餘生[14]。

9. 營營：追求名利
10. 夜闌：夜深
11. 縠紋：水波的細紋

12. 逝：離開
13. 寄：寄託
14. 餘生：晚年，下半輩子

換個方式讀讀看

晚上，我和幾個朋友約在東坡的雪堂上聚一聚。

大夥兒開懷盡興，美酒一杯接著一杯喝下肚。我醉了又醒，醒了又醉，等到要回家的時候，已不記得自己到底是醉了幾回。

我醉醺醺地隨著夜風的腳步回家，整個人還糊里糊塗的，回到家的時候，才注意到時間竟然這麼晚了，這會兒可能都已經是半夜了呢。

我敲了敲門，等了一會，卻沒有人出來開門。

僕人打呼的聲音一聲聲從屋子裡傳出來，四周一片寧靜，他們的打呼聲聽起來就跟打雷一樣響亮呢。嗯，僕人熟睡成這樣子，當然也就聽不見我的敲門聲了。我想了想，何必一定要回家呢？我乾脆走到河邊去吹吹風，看看夜景，也挺新鮮的，或許還可以讓自己清醒一些。

夜色愈來愈深，我一個人站在河岸邊，拄著拐杖聽著河水緩緩流動的聲音。

　　這時夜已深、風已靜，不再呼呼作響。水面幾乎沒有一絲絲波浪，彷彿連河水本身也睡著了。是不是全世界的事物在此刻都進入夢鄉了呢？

　　看著眼前寧靜的江水，心裡突然澄明起來，我忍不住問自己，自己的生活腳步會不會太過匆忙，以至於忘了最重要的事情？自己是不是也不能免俗的跟其他人一樣，整天忙忙碌碌地追求些虛榮和名利呢？

　　想到這裡，腦海裡出現一個念頭：為何不跳上一艘小船，隨著河水盪呀盪的漂到世界的盡頭，逍遙自在地過下半輩子呢？

原典

浣(ㄨㄢˋ)溪(ㄒㄧ)沙(ㄕㄚ)

簌(ㄙㄨˋ)簌(ㄙㄨˋ)[1] 衣(ㄧ)巾(ㄐㄧㄣ)[2] 落(ㄌㄨㄛˋ)棗(ㄗㄠˇ)花(ㄏㄨㄚ)，
村(ㄘㄨㄣ)南(ㄋㄢˊ)村(ㄘㄨㄣ)北(ㄅㄟˇ)響(ㄒㄧㄤˇ)繅(ㄙㄠ)車(ㄔㄜ)[3]，
牛(ㄋㄧㄡˊ)衣(ㄧ)[4] 古(ㄍㄨˇ)柳(ㄌㄧㄡˇ)賣(ㄇㄞˋ)黃(ㄏㄨㄤˊ)瓜(ㄍㄨㄚ)。

1. 簌簌：落下
2. 衣巾：衣服與頭巾
3. 繅車：抽出蠶繭絲的工具
4. 牛衣：用粗麻編製的衣服

酒困路長惟欲睡[5]，
日高人渴漫思茶[7]，
敲門試問野人家[8]。

5. 欲睡：很想睡覺
6. 日高：太陽升到頭頂
7. 漫思茶：很想喝茶
8. 野人家：鄉下人家

換個方式讀讀看

　　我騎著馬去石潭，感謝神明聽我們的祈求，降下豐沛的雨水，解除徐州的大旱。

　　噠噠噠噠，馬蹄踏在乾燥的黃泥上。

　　突然間，耳邊聽到小小的聲音，空中竟然飄下了一朵一朵小黃花，落在我的帽子，落在我的衣服上，有些則是飄飄然落到地面上！

　　我愣了一下，抬頭往上看，這才發現到自己走在棗樹林的下方。衣服上、地上的黃色花瓣，織成一片綿延不盡的黃色花毯。

　　達達達達，馬蹄踏在田間的小路上。

　　太陽幾乎已升到頭頂，陽光照在兩旁的苧麻田上，莖葉反射出閃亮的光澤，看起來健康又厚實。

　　咦？這是什麼味道？旁邊的人告訴我，我聞到的是村民煮蠶繭的味道。我這才想起，夏天已經近尾聲，村民收了苧麻之後，接下來該要準備製作蠶絲了。

　　噠噠噠噠，馬蹄踏在草屋的籬笆外。

一聲聲抽絲的聲音，透過半開的柴門傳出來，一戶傳一戶，此起彼落，傳遍整個村子。

農村的生活就是這麼簡單，所有的作息就跟著老天走，什麼季節就做什麼事，白天努力的勞動，晚上自然可以心安理得地睡覺。

馬兒轉過了竹籬笆，我看見有個衣著破爛的老人斜靠在柳樹幹上吆喝著，前面的地上擺了一、二十個黃瓜，就做起了生意。我在他前面停下馬，隨意聊了聊這幾天的天氣和收成。

噠噠噠噠，馬蹄踏在冒熱氣的硬土上。

前方的景物看起來朦朦朧朧的，這條路怎麼愈來愈長，好像延伸到天邊去了。我被太陽曬得頭昏眼花，眼皮愈來愈重，昏昏欲睡。

這時如果能來上一杯茶解解渴就太好了！這一條路是鄉村小路，路上沒有人賣茶，路邊也沒有奉茶的茶桶。也好，我乾脆到前方那戶人家敲敲門，看看能不能借杯茶，解解渴吧。

原典

水ㄕㄨㄟ 調ㄉㄧㄠ 歌ㄍㄜ 頭ㄊㄡ

明ㄇㄧㄥ 月ㄩㄝ 幾ㄐㄧ 時ㄕ[1] 有ㄧㄡ，把ㄅㄚ 酒ㄐㄧㄡ[2] 問ㄨㄣ 青ㄑㄧㄥ 天ㄊㄧㄢ[3]，

不ㄅㄨ 知ㄓ 天ㄊㄧㄢ 上ㄕㄤ 宮ㄍㄨㄥ 闕ㄑㄩㄝ[4]，

今ㄐㄧㄣ 夕ㄒㄧ[5] 是ㄕ 何ㄏㄜ 年ㄋㄧㄢ。

我ㄨㄛ 欲ㄩ 乘ㄔㄥ 風ㄈㄥ 歸ㄍㄨㄟ 去ㄑㄩ，

又ㄧㄡ 恐ㄎㄨㄥ 瓊ㄑㄩㄥ 樓ㄌㄡ 玉ㄩ 宇ㄩ[6]，

高ㄍㄠ 處ㄔㄨ 不ㄅㄨ 勝ㄕㄥ[7] 寒ㄏㄢ，

1. 幾時：何時
2. 把酒：端著酒杯
3. 青天：天空
4. 宮闕：宮殿

5. 今夕：今晚
6. 瓊樓玉宇：華麗的樓閣
7. 不勝：無法承受

起舞弄清影，何似[8]在人間。

轉朱閣[9]，低綺戶[10]，照無眠，

不應有恨，何事[11]長向別時圓。

人有悲歡離合，月有陰晴圓缺，

此事古難全[12]，

但願人長久，千里共嬋娟[13]。

8. 何似：哪像是

9. 轉朱閣：月亮轉動，照亮紅色的樓閣

10. 低綺戶：低低的照進雕花門窗

11. 何事：為何

12. 全：圓滿

13. 嬋娟：明月

換個方式讀讀看

　　昨晚我看著圓圓的、明亮的月亮，思緒跟著飄蕩起來。我舉起酒杯，忍不住問這片湛藍的天空，到底這一輪亮澄澄的月亮，是從什麼時候開始高掛在夜空？聽說天上過一天，人間便過了一年，我從天上掉落人間已經很久很久了，不知道在天上神仙的宮殿裡，今天晚上是什麼日子？

　　我多麼希望能乘著涼涼的秋風，回到天上去。但是我又忍不住擔心，玉石雕砌的月宮實在太高了，那兒會不會很寒冷？很寂寞？

　　這樣的孤寂之地不是愛熱鬧的我可以受得了的啊。

　　想到這裡，我的心稍微安了些，開心地站起來在月光下跳舞。呵呵，我的影子也跟著轉個不停呢。

　　這樣美好的日子彷彿回到天上，哪像在人間？

　　夜更深了些，明月轉呀轉，月光照射在朱紅色的小樓上，再穿過下面精雕細琢的窗子，灑進屋內，照在失眠的人身上。

月亮今天怎麼顯得特別圓、特別亮？我看著月亮，忍不住想起了遠方的弟弟，一股恨意突然湧上來。中秋是團圓的日子，我們卻分隔兩地無法見面。

　　月亮一定很無情，為什麼偏偏向失意的人炫耀？月圓時分，人卻不能團圓，彷彿是要故意挑動我們的缺憾？

　　其實我知道，月亮本來就有月缺、月圓的時刻，不會永遠圓滿。人也有歡喜、悲傷、分分合合的時候。世間的事情從古到今都是這樣，不能樣樣心滿意足。

　　何不換個角度這麼想：只要弟弟跟我放寬心，照顧好身體，平平安安的，即使分隔密州、濟南兩地，我們仍然可以在千里之外，一起欣賞這一輪美麗的明月，也感受得到彼此託月光傳來的思念和牽掛。

原典

南鄉子

涼簟¹碧紗廚²，

一枕清風晝³睡餘。

睡聽晚衙⁴無一事，

徐徐⁵，

讀盡⁶床頭幾卷書。

1. 簟：竹席
2. 紗廚：簾帳
3. 晝：白天
4. 衙：官吏辦理公務的地方
5. 徐徐：安穩的樣子
6. 盡：完

搔首[7]賦歸歟[8]，

自覺功名懶更疏[9]。

若問使君才與術，

何如？

佔得人間一味愚[10]。

7. 搔首：搔頭
8. 歟：表示感嘆
9. 疏：不在意
10. 愚：傻笨

換個方式讀讀看

　　吃過午飯後，我走到後面的內屋，隨意躺到涼爽的蓆子上，把湖水綠的簾帳放下來，舒舒服服地睡起午覺。頭枕在枕頭上，窗外吹來陣陣清風，我不知不覺地睡著了，這一覺睡得好久好久。

　　一覺醒來，天邊的雲顏色暗下來，黃昏已近。我豎起耳朵聽著前面府衙的動靜，一點聲響也沒有，應該沒有要緊事。涼風輕輕吹來，好舒服啊！既然府衙生意如此清淡，我乾脆半躺著，把床頭上的幾本書統統再讀過一遍。

　　我忍不住念起幾首暢談歸隱的詩文，一顆心忍不住奔向田園生活，那

不就是這世界最理想的生活方式嗎？想到這裡，心裡升起了一股感嘆，我知道自己近年來對於成就、成功和名聲這些事情已經懶得理，也不想努力追求了。

　　人生到底該做、能做些什麼事呢？捫心自問，自己到底是不是個做大事、逐大夢、立大功的人才？我思來想去，自己跟所謂的豐功偉業似乎都沾不上邊，了不起僅算得上是個不懂得識時務、心直口快的愚夫吧。

　　大魚大肉是他人的，粗茶淡飯是我的；熱鬧繁華是他人的，寧靜淡泊是我的；各有各的嚮往。

當蘇軾的朋友

　　你家停過電嗎？沒有電，沒辦法上網、看電視……一時之間你可能會覺得很無聊，受不了。有一個人，他生活的那個年代，不只沒有電，更因為工作上遭人陷害，被迫流放到偏遠的地方。但是憑著他樂觀豁達的個性，克難期反而成為他文學創作上的巔峰期。

　　這個人就是蘇東坡。

　　蘇東坡是個全才，但作為一個朝廷官員，他的仕途十分潦倒，坐過牢，三次被貶到荒蕪的南方。東坡沒有一蹶不振，反而自得其樂，他還甘之如飴當起農夫。辛苦工作後，東坡很會找樂子，寫詩、畫竹，只要他喜歡上的東西，便會滿腔熱情去研究——有這樣一位樂天熱情的朋友，每每會帶來驚喜和說不盡的話題！

　　東坡豪爽的個性，讓他結交了很多好朋友。當上他的好友，閒來無事時，東坡會來串門子，邀你一起畫畫，偶爾還會強迫人家講鬼故事，有時候又會拿自釀的酒請你喝（據說有人喝了拉肚子）。喝醉了或者散步走得累了，不需要高床軟枕就地便睡。你可能會瞪他一眼說：「東坡怎麼可以睡在這裡呀！」他會仰天大笑說：「那有什麼關係？清風明月，隨遇而安吧。」

　　如果你希望感受詩詞之美，希望學會煮出好吃的料理、怎麼找樂子，你一定要認識蘇東坡。當你長大了一些，在學業或生活裡遇上了不愉快的事情，不知道如何面對時，你更要親近東坡——這位好友會讓你認識生活美好的事物、學會熱愛生命。

我是大導演

看完了蘇軾的故事之後，
現在換你當導演。
請利用紅圈裡面的主題（生活），
參考白圈裡的例子（例如：享受），
發揮你的聯想力，
在剩下的三個白圈中填入相關的詞語，
並利用這些詞語畫出一幅圖。

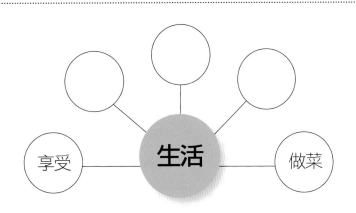

◎ 少年是人生開始的階段。因此，少年也是人生最適合閱讀經典的時候。

因為，這個時候讀經典，可以為將來的人生旅程準備豐厚的資糧。

因為，這個時候讀經典，可以用輕鬆的心情探索其中壯麗的天地。

◎ 【經典少年遊】，每一種書，都包括兩個部分：「繪本」和「讀本」。

繪本在前，是感性的、圖像的，透過動人的故事，來描述這本經典最核心的精神。

小學低年級的孩子，自己就可以閱讀。

讀本在後，是理性的、文字的，透過對原典的分析與說明，讓讀者掌握這本經典最珍貴的知識。

小學生可以自己閱讀，或者，也適合由家長陪讀，提供輔助說明。

001 詩經　最早的歌
Book of Odes:The Earliest Collection of Songs

原著／無名氏　原典改寫／唐香燕　故事／比方　繪圖／AU

聽！誰在唱著歌？「關關雎鳩，在河之洲，窈窕淑女，君子好逑。」這是兩千多年前的人民，他們辛苦工作、努力生活，把喜怒哀樂都唱進歌裡頭，也唱成了《詩經》。這是遙遠從前的人們，為自己唱的歌。

002 屈原　不媚俗的楚大夫
Ch'ü Yüan:The Noble Liegeman

原著／屈原　原典改寫／詹凱婷　故事／張瑜珊　繪圖／灰色獸

如果說真話會被討厭、還會被降職，誰還願意說出內心話？屈原卻仍然說著：「是的，我願意。」屈原的認真固執，讓他被流放到遠方。他只能把自己的真心話寫成《楚辭》，表達心中的苦悶和難過。

003 古詩十九首　亂世的悲歡離合
Nineteen Ancient Poems:Poetry in Wartime

原著／無名氏　原典改寫／康逸藍　故事／張瑜珊　繪圖／吳孟芸

蕭統喜歡文學，喜歡蒐集優美的作品。這些作品是「古詩十九首」，不知道作者是誰，也無法確定究竟來自何時。當蕭統遇見「古詩十九首」，他看見離別的人，看見思念的人，還看見等待的人。

004 樂府詩集　說故事的民歌手
Yuefu Poetry:Tales that Sing

編者／郭茂倩　原典改寫／劉湘湄　故事／比方　繪圖／菌先生

《樂府詩集》是古老的民歌，唱著花木蘭代父從軍的勇敢，唱出了採蓮遊玩的好時光。如果不是郭茂倩四處蒐集，將五千多首詩整理成一百卷，我們今天怎麼有機會感受到這些民歌背後每一則動人的故事？

005 陶淵明　田園詩人
T'ao Yüan-ming:The Pastoral Poet

原著／陶淵明　原典改寫／唐香燕　故事／鄧芳喬　繪圖／黃雅玲

陶淵明不喜歡當官，不想為五斗米折腰。他最喜歡的生活就是早上出門耕作，空閒的時候看書寫詩，跟朋友喝點酒，開心就大睡一場。閱讀陶淵明的詩，我們也能一同享受關於他的，最美好的生活。

006 李白　長安有個醉詩仙
Li Po:The Drunken Poet

原著／李白　原典改寫／唐香燕　故事／比方　繪圖／謝祖華

要怎麼稱呼李白？是詩仙，還是酒仙？是浪漫的劍客，還是頑皮的大孩子？寫詩是他最出眾的才華，酒與月亮是他的最愛。李白總說著「人生得意須盡歡」，還說「欲上青天攬明月」，那就是他的任性、浪漫與自由。

007 杜甫　憂國的詩聖
Tu Fu:The Poet Sage

原著／杜甫　原典改寫／周姚萍　故事／鄧芳喬　繪圖／王若齊

為什麼詩人杜甫這麼不開心？因為當時的唐朝漸漸破敗，又是戰爭，又是饑荒，杜甫看著百姓失去親人，流離失所。他像是來自唐朝的記者，為我們報導了太平時代之後的動亂，我們看見了小老百姓的真實生活。

008 柳宗元　曠野寄情的旅行者
Liu Tsung-yüan:The Travelling Poet

原著／柳宗元　原典改寫／岑澎維　故事／張瑜珊　繪圖／陳尚仁

柳宗元年輕的時候就擁有好多夢想，等待實現。幾年之後，他卻被貶到遙遠的南方。他很失落，卻沒有失去對生活的希望。他走進永州的山水，聽樹林間的鳥叫聲，看湖面上的落雪，記錄南方的風景和生活。

◎ 【經典少年遊】，我們先出版一百種中國經典，共分八個主題系列：

詩詞曲、思想與哲學、小說與故事、人物傳記、歷史、探險與地理、生活與素養、科技。

每一個主題系列，都按時間順序來選擇代表性的經典書種。

◎ 每一個主題系列，我們都邀請相關的專家學者擔任編輯顧問，提供從選題到內容的建議與指導。

我們希望：孩子讀完一個系列，可以掌握這個主題的完整體系。讀完八個不同主題的系列，

可以不但對中國文化有多面向的認識，更可以體會跨界閱讀的樂趣，享受知識跨界激盪的樂趣。

◎ 如果說，歷史累積下來的經典形成了壯麗的山河，那麼【經典少年遊】就是希望我們每個人

都趁著年少，探索四面八方，拓展眼界，體會山河之美，建構自己的知識體系。

少年需要遊經典。

經典需要少年遊。

009 李商隱　情聖詩人
Li Shang-yin:Poet of Love

原著／李商隱　原典改寫／唐香燕　故事／張瓊文　繪圖／馬樂原

「春蠶到死絲方盡，蠟炬成灰淚始乾。」這是李商隱最出名的情詩。他在山上遇見一個美麗宮女，不僅為她寫詩，還用最溫柔的文字說出他的想念。雖然無法在一起，可是他的詩已經成為最美麗的信物。

010 李後主　思鄉的皇帝
Li Yü:Emperor in Exile

原著／李煜　原典改寫／劉思源　故事／比方　繪圖／查理宛豬

李後主是最有才華的皇帝，也是命運悲慘的皇帝。他的天真善良，讓他當不成一個好君主，卻成為我們心中最溫柔善感的詞人，也總是讓我們跟著他嘆息：「問君能有幾多愁，恰似一江春水向東流。」

011 蘇軾　曠達的文豪
Su Shih:The Incorrigible Optimist

原著／蘇軾　原典改寫／劉思源　故事／張瓊文　繪圖／桑德

誰能精通書畫，寫詩詞又寫散文？誰不怕挫折，幽默頑皮面對每一次困境？他就是蘇軾。透過他的作品，我們看到的不僅是身為「唐宋八大家」的出色文采，更令人驚嘆的是他處處皆驚喜與享受的生活態度。

012 李清照　中國第一女詞人
Li Ch'ing-chao:The Preeminent Poetess of China

原著／李清照　原典改寫／劉思源　故事／鄧芳喬　繪圖／蘇力卡

李清照與丈夫趙明誠雖然不太富有，卻用盡所有的錢搜集古書畫，帶回家細細品味。只是戰爭發生，丈夫過世，李清照像落葉一樣飄零，所有的難過，都只能化成文字，寫下一句「簾捲西風，人比黃花瘦」。

013 辛棄疾　豪放的英雄詞人
Hsin Ch'i-chi:The Passionate Patriot

原著／辛棄疾　原典改寫／岑澎維　故事／張瑜珊　繪圖／陳柏龍

辛棄疾，宋代的愛國詞人。收回被金人佔去的領土，是他的夢想。他把這個夢想寫進詞裡，成為豪放派詞人的代表。看他的故事，我們可以感受「氣吞萬里如虎」的氣勢，也能體會「卻道天涼好箇秋」的自得。

014 姜夔　愛詠梅的音樂家
Jiang K'uei:Plum Blossom Musician

原著／姜夔　原典改寫／嚴淑女　故事／張瓊文　繪圖／57

姜夔是南宋詞人，同時也是音樂家，不僅自己譜曲，還留下古代的樂譜，將古老的旋律流傳到後世。他的文字優雅，正如同他敏感細膩的心思。他的創作，讓我們理解了萬物的有情與奧妙。

015 馬致遠　歸隱的曲狀元
Ma Chih-yüan:The Carefree Playwright

原著／馬致遠　原典改寫／岑澎維　故事／張瓊文　繪圖／簡漢平

「枯藤老樹昏鴉，小橋流水平沙」，是元曲家馬致遠最出名的作品，他被推崇為「曲狀元」。由於仕途不順，辭官回家。這樣曠達的思想，讓馬致遠的作品展現豪氣，被推崇為元代散曲「豪放派」的代表。

經典 °
少年遊

youth.classicsnow.net

011
蘇軾 曠達的文豪
Su Shih
The Incorrigible Optimist

編輯顧問（姓名筆劃序）
王安憶　王汎森　江曉原　李歐梵　郝譽翔　陳平原
張隆溪　張臨生　葉嘉瑩　葛兆光　葛劍雄　鄭培凱

原著：蘇軾
原典改寫：劉思源
故事：張瑜珊
封面繪圖：桑德　劉貞宥
內頁繪圖：桑德

主編：冼懿穎
編輯：張瑜珊　張瓊文　鄧芳喬
美術設計：張士勇　倪孟慧
校對：呂佳真

企畫：網路與書股份有限公司
出版者：大塊文化出版股份有限公司
台北市10550南京東路四段25號11樓
www.locuspublishing.com
讀者服務專線：0800-006689
TEL：+886-2-87123898
FAX：+886-2-87123897
郵撥帳號：18955675
戶名：大塊文化出版股份有限公司
法律顧問：全理法律事務所董安丹律師

總經銷：大和書報圖書股份有限公司
地址：新北市新莊區五工五路2號
TEL：+886-2-8990-2588
FAX：+886-2-2290-1658
製版：沈氏藝術印刷股份有限公司

初版一刷：2012年10月
定價：新台幣299元